Luisa Sánchez Carbayo

APULEYO EDICIONES   FOMENTO DE VALORES   CUENTOS ILUSTRADOS

Volumen 1:
El cuento de la imaginación

APULEYO EDICIONES   FOMENTO DE VALORES   CUENTOS ILUSTRADOS

Había una vez una niña que tenía el poder de la imaginación muy desarrollado y, cuando se concentraba, podía crear historias geniales para jugar con tod@s sus amig@s.

Su nombre era Julia y su manera de conectar era sentándose en postura fácil con los brazos en forma de "V", los puños cerrados y los pulgares, que eran sus dedos mágicos, estirados hacia el cielo.

Cerraba los ojos, miraba a su frente, y así se conectaba con la intuición, mientras bombeaba con su ombligo al respirar. Cogía aire y su ombligo iba hacia fuera, soltaba el aire y su ombligo iba hacia dentro.

Este movimiento es como el de las olas en la playa, que tocan la orilla y luego se recogen mar adentro.

Sus amigos: Jorge, Eva, Paquillo y Claudia, hacían un círculo a su alrededor y, cogidos de las manos, también se concentraban para aumentar los poderes de Julia.

Hubo un día que estaban tod@s tan concentrados que conectaron en equipo y empezaron a imaginar junt@s.

COMIENZA LA AVENTURA DEL GRUPO:

Aparecieron en un río precioso y en el agua les esperaban unos kayaks, así que aprovecharon para correr hacia ellos y ponerse a remar.

Iban felices y contentos, era de día, ¡¡con un sol radiante, verdes prados, animalitos que les acompañaban!! Había conejitos saltarines, aves de todas las clases, serpientes, peces saltarines...

¡¡UN DÍA ESPECTACULAR!!

Al llegar a una orilla, bajaron de las canoas, y un perro que andaba por allí salió para saludarlos.

-Guau, hola, niñ@s, ¿qué tal van?

-Hola, señor perro -dijo Claudia-, vamos explorando este lugar, jugando con nuestra imaginación.

-Guau, guau, qué divertido -dijo el perrito-. La imaginación es algo que los humanos tenéis y que os hace diferentes, es magia. DISFRUTADLA. -Y dicho esto, se marchó corriendo.

Así que caminaron un poco más y llegaron a un estanque. Era tal y como Eva lo imaginó: sauces llorones, suelo blandito de hierba, hojas y florecillas, el agua templada y transparente y piedras brillantes que parecían las joyas de un tesoro.

De repente, se dieron cuenta de que ¡¡no estaban solos!! ¡¡Había muchísimas ranas!!, saltarinas, felices y patilargas, que brincaban de nenúfar en nenúfar.

Jorge imaginó que todo el grupo se había convertido en ranita. Y ¡¡¡Zas!!! Así fue.

¡¡¡QUÉ DIVERTIDO!!!

Tod@s saltaban y croaban. ¿¿Y croaban?? Sí, sí, pero no como ranas normales, porque estas verdosas hacían kundalini yoga y croaban así: SAT NAM, SAT NAM.

Luego, se quedaban reposando en sus patitas traseras y subían las delanteras al cielo para estirarse bien. ¡¡Eran súper fuertes estas ranas!!

Julia estaba un poco cansada ya de ser rana, así que imaginó que volvían a sus cuerpos y... ¡¡¡Zas!!! Así fue.

Prosiguieron su camino fantástico y Jorge tuvo una idea de un juego y se lo explicó muy claramente a sus compañeros:

-¡Vamos a jugar al dominó con nuestras piernas!

-¿Cómo? -dijo Paquillo.

-Sí, imaginaos que somos fichas de dominó y nos tumbamos boca arriba, en filita y con las piernas arriba. Pues ahora vendrá una pelota imaginaria que irá derribando nuestras piernas en orden -concluyó Jorge.

¡¡Tod@s disfrutaron de ese juego y lo repitieron varias veces!!

¡¡¡FUE SÚPER DIVERTIDO!!!

Luego, Paquillo dijo:

–¿Y si imaginamos que en vez de sostenernos con los pies, nos sostenemos con los hombros y la cabeza? Es como jugar a las cosas al revés.

–¡¡SÍÍÍÍÍÍÍÍÍÍ!! –dijeron los demás.

Así que utilizaron sus hombros y sus cabezas para andar, a modo de piernas, y sus pies quedaron mirando al cielo.

¡¡¡LO ESTABAN PASANDO EN GRANDE!!!

Luego, a Claudia se le ocurrió que podían llevar los pies al suelo, pero por detrás de la cabeza. Era difícil, pero tod@s lo consiguieron.

Jorge estaba un poco cansado y sugirió que se quedasen tranquilos sobre las espalda, con las rodillas en el pecho, abrazándolas con las manos, y que se mecieran suavemente, como si estuvieran en una hamaca.

Los niñ@s agradecieron ese ratito de silencio y de tranquilidad.

Llegó la hora de volver; lentamente se sentaron en un círculo y cantaron un mantra de agradecimiento a su IMAGINACIÓN, el mantra de ¡¡Wahe Gurú, Wahe Jio!!

Se levantaron, se despidieron con un amoroso Sat Nam y corrieron a casa para contarles a sus padres todas sus aventuras.

Esa noche durmieron felices con todos los recuerdos de su experiencia y se levantaron con ganas de volver a imaginar.

Autora: Gianjog Kaur, Luisa Sánchez

Luisa Sánchez, Gianjog Kaur, llevo dedicándome a mi pasión, el yoga, desde 2015. Mis primeros alumn@s, los niñ@s, fueron mis primeros maestros, así que a ell@s les debo mi primer agradecimiento.

Pero en este cuento agradezco mil a mis hijos, Jorge y Julia, por ser mi fuente de inspiración y por ser generosos y darme tiempo para expandirme en esta filosofía de vida.

Agradezco a mi familia y amigos, porque siempre están de soporte emocional y técnico. Y agradezco a todas las familias y centros educativos que me dan su confianza.

Te agradezco a ti por adquirir este libro que sale del corazón ♥. Y os invito a seguirme en redes, porque son múltiples las cositas que hago y ahora podemos seguir conectad@s.

Ohm Shanti, Shanti Shanti Ohm♥🕉♥

Instagram:@estudiodeyogaohmshanti

Facebook: @estudiodeyogaohmshanti

© Luisa Sánchez Carbayo (de la obra)

©Apuleyo Ediciones (de esta edición)

Primera edición en Apuleyo Ediciones: enero 2024

Diseño de cubierta: Sofía Corzo González

Corrección: Aitor Andreu Guerrero

Maquetación: Domingo Carrasco Martín

Ilustraciones: Emmanuel

Coordinación editorial: Isidoro Cidre González

info@apuleyoediciones.com

www.apuleyoediciones.com

ISBN: 978-84-1060-155-0

Depósito legal: H 107-2024

Hecho e impreso en España.